Irruzioni

Coordinamento

Cristina Guarnieri
Massimo Arcangeli

Il presente testo è basato sulla conferenza di Zygmunt Bauman svoltasi il 3 giugno del 2016 nell'ambito del festival Leggendo Metropolitano di Cagliari.
L'Editore desidera ringraziare Zygmunt Bauman, il direttore di Leggendo Metropolitano Saverio Gaeta e il festival per la gentile collaborazione.

I edizione: gennaio 2017

Castelvecchi è un marchio di Lit Edizioni Srl
Sede operativa: Via Isonzo 34, 00198 Roma
Tel. 06.8412007 – fax 06.85358676
info@castelvecchieditore.com
www.castelvecchieditore.com

Stampato da Print on Web s.r.l.
Via Napoli 85 – 03036 Isola del Liri (Fr)
per conto di Lit Edizioni Srl

ristampa	anno
8 7 6 5 4 3 2	2017 2018 2019 2020

Zygmunt Bauman

Meglio essere felici

Prefazione di Massimo Arcangeli
Traduzione di Cristina Guarnieri

CASTELVECCHI

PREFAZIONE

di Massimo Arcangeli

Se ne è andato un grande sociologo, un raffinato intellettuale, un amico carissimo. Conoscevo Zygmunt Bauman da diversi anni, e lo avevo invitato in Italia in due diverse occasioni. Nella prima aveva parlato di futuro, e anche allora quella sua lezione, cui si aggiunge ora la seconda, approdò a un volumetto, uscito in questa stessa collana (*Scrivere il futuro*, 2016), per il quale scrissi una breve prefazione.

Sono di Bauman le riflessioni più penetranti sulla civiltà globale, da quel *Globalization. The Human Consequences* (1998)[1] nel quale guardò al fenomeno globale come a un complesso

1. Z. Bauman, *Dentro la globalizzazione: le conseguenze sulle persone*, Laterza, Roma-Bari, 1999.

di forze in concorrenza tra loro, che divide tanto quanto unisce (anzi: «divide mentre unisce»). Le stesse presunte aspirazioni americane a colonizzare il mondo, nella tradizione degli studi sull'argomento, avrebbero trovato così, anche grazie a lui, un parziale ridimensionamento. Come quello di cui si era reso protagonista un importante artista neodada, Jasper Johns, in un famoso dipinto. Il perimetro della bandiera americana coincide qui esattamente con quello della tela, che non può quindi opporre al dominio dell'oggetto riprodotto nessuno spazio, anche piccolo, in grado di contenerlo. Le "resistenze" a quel dominio, però, si avvertono e provengono dall'interno: dalla tecnica a encausto, che rende il quadro – realizzato su carta di giornale incollata alla tela con la tecnica dei *colour fields* – simile a un affresco.

In un altro testo capitale, *Liquid Modernity* (2000)[2], Bauman sposò la visione della modernità "liquefatta", come quella ritratta negli orologi di Salvador Dalí, che si stava allora in-

2. Z. Bauman, *Modernità liquida*, Laterza, Roma-Bari, 2002.

sinuando nel tessuto sociale e ne intrideva le fibre. Evocava la *mescolanza* e la *contaminazione*, e la tensione verso l'utopia della "fusione" *transculturale*, ma suggeriva anche la progressiva sostituzione della natura "solida" dei luoghi reali, in quanto estremi fisico-geografici di un *continuum*, con l'adiafora "liquidità" della rete elettronica con i suoi *link*, punti nevralgici e apolari di un ininterrotto, oceanico passaggio di informazioni in entrata e in uscita.

E poi il visionario *On Postmodern Uses of Sex*[3], nel quale Zygmunt dimostrò, con largo anticipo sui tempi, come si stesse guardando sempre più all'erotismo e all'amore attraverso la lente della società dei consumi, con la conseguenza che il piacere dipende ormai più dai rapporti sociali che dagli atti sessuali; una logica che ha spinto alcuni a chiedersi perché, negli ultimi tempi, si faccia poco sesso.

Concludevo la prefazione a *Scrivere il futuro* con un'immagine plastica, quella di un raccor-

3. Z. Bauman, *On Postmodern Uses of Sex*, in «Theory, Culture & Society», XV/3-4, 1998, pp. 19-33.

do anulare, ispirata proprio dall'abbattimento di ogni barriera e dalla risoluzione di ogni conflitto sottese alla "liquidità" della sua visione. Su un raccordo anulare procediamo in tondo ma per un pezzo, provenendo da tutti i luoghi possibili e andando verso tutti i luoghi possibili. I raccordi anulari evitano di passare per le città, ma mettono in contatto il tutto con il tutto in un movimento senza sosta che non conosce punti di separazione. È il luogo in cui intersezioni e intrecci evolvono in trasfusioni tra lingue, saperi, comportamenti. È il luogo dell'intercomprensione, e di quella *solidarietà* e quella *collaborazione* di cui Bauman, in questi ultimi tempi, si era molto occupato: destinate, l'una e l'altra, a sostituire la *competizione*, perché, disse, «la vita non è una gara». Giusto allora sottolineare, come in questo libretto sulla felicità, l'importanza del carattere e delle scelte da compiere: siamo noi a decidere, anche se le condizioni di partenza non sono le stesse per tutti.

Grazie Zygmunt, anche per averci fatto comprendere che il primo muro da abbattere, se vogliamo costruire una società migliore, è il nostro muro interno. E, poi, che la via maestra per la felicità è la vita reale. «La felicità comincia a casa. Non su Internet, ma a casa, in contatto con le altre persone».

Meglio essere felici

Vorrei cominciare mostrandovi il poster dell'edizione del festival Leggendo Metropolitano dedicata alla felicità. L'artista che ha disegnato quel poster[1] ha proprio colto nel segno: esso ben rappresenta, infatti, il piano su cui ci troviamo quando parliamo di felicità.

Sul poster compaiono assieme "virtù" e "fortuna", un binomio che probabilmente provoca confusione, stupore. La maggior parte di noi sospetta che la virtù non abbia granché in comune con la felicità: persone molto felici, spesso, sono note per non essere particolarmente virtuose.

Nel poster, inoltre, la virtù indica una direzione, mentre la fortuna ne indica un'altra –

1. Luca Crippa (ndr).

il che segnala come sia scivoloso, offuscato, barcollante il terreno su cui ci troviamo quando cominciamo a discutere dell'idea di felicità. E vorrei avvertirvi subito, sin dall'inizio, che se vi aspettate che io vi indichi come raggiungere la felicità, come conquistarla, resterete davvero molto delusi. In quel che sto per dirvi ci saranno molte più domande che risposte.

Come definire la felicità?

A proposito della felicità, esiste soltanto una frase che possiamo pronunciare con la massima certezza e che di solito ci vede universalmente d'accordo. La frase suona: «Meglio essere felici che infelici». Tutto il resto è controverso.

Kant, uno dei più grandi filosofi mai esistiti, lo ha sottolineato in un modo molto azzeccato duecento anni fa, affermando che la felicità è un concetto talmente indeterminato che, sebbene ciascuno desideri conseguirla, tuttavia nessuno è in grado di dire in modo definitivo e coerente in cosa consista quel che vuole e desidera veramente.

A mio parere la felicità è un concetto molto familiare e al tempo stesso sconosciuto. Tutti sanno cosa significa, fino a quando non chiediamo a un lui o a una lei, a un singolo concreto, di definire precisamente cosa sia.

Generalmente sentiamo una certa familiarità con quel concetto. Negli ultimi duecento anni abbiamo seguito l'affermazione fatta dalla *Dichiarazione d'indipendenza degli Stati Uniti* dove si proclama che ogni uomo e ogni donna hanno il diritto di ricercare la felicità. Eppure non è stato aggiunto il contesto concreto entro cui realizzare tale ricerca.

Per parte mia, ho esaminato un numero estremamente cospicuo di definizioni della felicità che ogni sorta di consulenti, esperti, ogni genere di libro "fai da te" hanno formulato solo per consigliarci cosa fare per diventare felici. Queste definizioni sono completamente diverse fra loro, l'una contraddice l'altra. Eppure, malgrado tutte le differenze, vorrei suggerire almeno due categorie essenziali entro cui possiamo raggruppare tale varietà di definizioni.

La promessa della modernità

La prima categoria rappresenta un fenomeno molto attuale, inaugurato dalla promessa realizzata dalla filosofia moderna. La mentalità corrente, infatti, promette una vita con meno disagi e svantaggi, una vita priva di preoccupazioni. Quello che prima era difficile ottenere, che richiedeva un grande sforzo, sia fisico che mentale, e che implicava l'apprendimento di un'enorme quantità di abilità, è diventato per noi sempre più facilmente accessibile.

Con l'avanzare del progresso saremo in grado di eliminare tutti gli elementi di tali disagi e svantaggi. E alla fine di questa strada, cosa potrebbe diventare la felicità? Alcune persone sostengono che, se questo accadrà veramente, se davvero saremo capaci di eliminare i disagi e gli ostacoli, allora ciò che otterremo non sarà la felicità, bensì la noia.

Essere annoiati, non avere nulla da fare, svegliarsi la mattina e non sapere come riempire il giorno che arriva. Questa è la prima categoria della felicità.

Goethe: una singola settimana felice

La seconda categoria è stata suggerita dal grande poeta romantico tedesco Johann Wolfgang von Goethe. Quando ormai era un uomo piuttosto anziano – non vecchio come sono io ora, ma comunque abbastanza avanti con l'età –, un giornalista gli chiese: «Signor Goethe, lei ha avuto una vita felice?». E Goethe rispose: «Sì, ho avuto una vita molto felice», aggiungendo però immediatamente che non riusciva a ricordare una singola settimana felice.

Questo è un messaggio molto potente, attorno al quale sono state pronunciate e articolate una gran quantità di altre definizioni di felicità, tutte ispirate a quell'affermazione: la felicità non consiste nella libertà dai problemi, dalle preoccupazioni, dalle ansietà, ma al contrario sopraggiunge quando superiamo i problemi, le angustie, le difficoltà della nostra vita.

Sigmund Freud e l'incubo del piacere continuo

Sono convinto che Sigmund Freud sia stato ispirato da Goethe quando formulò la sua celebre idea secondo cui lo stato di felicità – la continuità del piacere – sarebbe un incubo, peraltro inconcepibile sul piano della realtà.

La felicità è un momento, il momento in cui superiamo qualche particolare infelicità. Per esempio, quando soffriamo di mal di denti e, d'improvviso, questo miracolosamente scompare, si dilegua, ci sentiamo felici. Ma immaginate se non aveste avuto il mal di denti e foste invece andati semplicemente a dormire: al vostro risveglio non avreste provato alcuna felicità per via dell'assenza di dolore ai denti.

Effettivamente lottare contro queste difficoltà, questi disagi, contro le *impasses*, le minacce e le paure della vita utilizzando le proprie abilità costituisce la strada per la felicità.

Fate la vostra scelta!

Vi ho presentato queste due categorie: ora fate la vostra scelta!

Nel discutere il tema della felicità, il vero problema è che il sentimento che se ne ha è fondamentalmente soggettivo. Sentiamo ovunque dire: «Così è come io sento la felicità», «Questo è il modo in cui io spiego il mio momento o il mio stato», «Se mi voglio spingere così tanto nella direzione sbagliata, sono libero di farlo». E questa è l'affermazione finale, non c'è nulla di cui discutere. Non è possibile dire all'altro: «Tu hai torto, tu non sei felice», perché l'altro risponderebbe: «Che intendi dire? Perché non sono felice? Io sono felice! Mi sento felice. In questa condizione attuale sono perfettamente felice, non voglio cambiarla». Non ha alcun senso cercare di provare che vi sia una connessione necessaria fra un certo stato e il sentimento di felicità. La felicità è, in ultima istanza, una scelta personale.

Il destino e il carattere

Ora vorrei spiegarvi qual è la connessione tra società e felicità.

Una cosa piuttosto ovvia è che la società crea tutti gli immaginari, le condizioni, le possibilità per essere felici o infelici. C'è un effetto diretto tra la situazione in cui siamo nati, la nostra cosiddetta sorte, e l'abilità di perseguire e conquistare la felicità.

Nel breve libro *The Art of Life*[2] ho suggerito che esistono due fattori – entrambi influenzati dalla società – nel tracciare il percorso della vita umana: uno è il fato, il destino. "Destino" è il nome comune che noi diamo a tutti i fattori su cui non riusciamo a esercitare la nostra influenza, quelli su cui non abbiamo il controllo: per esempio, se si è nati in Europa e non in Asia; se si è nati in Sardegna e non in Lombardia. Tutto questo è parte del destino e noi non possiamo influenzarlo, semplicemente perché non è frutto delle nostre scelte.

L'altro fattore che forse – possibilmente, ma non necessariamente – è sotto il nostro controllo personale è quel che io chiamo "carattere". Sul carattere possiamo lavorare, cercando di migliorarlo. Possiamo infatti tentare di rendere qualcuno migliore. A volte abbiamo successo, altre volte no. Eppure, malgrado tutto, esiste una connessione molto stretta, molto intima, tra il destino e il carattere. Potremmo descriverla in questo modo: il destino appa-

2. Z. Bauman, *L'arte della vita*, Laterza, Roma-Bari, 2009.

recchia il ventaglio delle possibilità. Difatti, se siete in Italia e non in Bangladesh, lo spettro delle vostre scelte potenziali sarà diverso, non vi sono dubbi al riguardo. E tuttavia, fra queste possibilità che sono state stabilite dal destino, è il carattere a operare delle scelte.

Tutti e due insieme, questi fattori guidano la traiettoria delle nostre esistenze. Certamente non è possibile prevedere in che modo la nostra vita scorrerà, dove andrà a parare; possiamo soltanto, retrospettivamente, scrivendo la biografia di qualcuno, cercare di ricreare, di ristabilire la connessione tra i due fattori.

La differenziazione dei poteri genuini di Max Scheler

Ebbene, sopra ho accennato, seppur molto brevemente, al fatto che entrambi i fattori, il destino e il carattere, sono influenzati dal tipo di società in cui viviamo. Questo è un punto davvero centrale. La questione che ora si pone è la seguente: perché le persone, in una prospettiva sociologica – non psicologica –, sono felici? Come e perché sono infelici? Quali sono le cause sociali della felicità e dell'infelicità?

Un cospicuo numero di eminenti filosofi si è confrontato con tale questione. Tra questi si annovera Max Scheler, il grande filosofo tedesco dell'etica e della morale. Egli sottolineò che il problema della nostra società – lo scrisse all'inizio del XX secolo, ma oggi è ancor più vero – è il confronto tra elementi diversi.

Esiste un'invenzione moderna secondo la quale tutti gli esseri umani sono uguali. Questo è il punto da cui Scheler prende le mosse. L'uguaglianza relativa dei diritti politici e degli altri diritti e l'uguaglianza sociale formalmente riconosciuta procedono di pari passo con una enorme differenziazione dei poteri genuini. Pertanto, quando lavoriamo al carattere, compariamo noi stessi alle altre persone. Cerchiamo di trarre spunto dagli esempi offerti dagli altri, osservandoli molto attentamente, esaminando le loro vite, e contemporaneamente la nostra vita e il nostro successo vengono analizzati dal prossimo. La formale uguaglianza sociale e politica suggerisce che abbiamo il diritto di farlo, di compararci alle persone intorno a noi. Siamo uguali a loro e abbiamo il diritto di raggiungere il loro medesimo livello di felicità.

Max Scheler, però, continua parlando dell'«enorme differenziazione dei poteri genuini, degli averi e dell'educazione. Una società nella quale ciascuno ha il diritto di considerarsi uguale a tutti gli altri è, di fatto, incapace di uguaglianza». Il carattere entra in conflitto con il destino.

Noi crediamo di poter raggiungere qualcosa ma poi veniamo bloccati, impediti nel suo compimento. E quindi, in un modo molto paradossale, ma sfortunatamente molto vero, molto realistico, la ricerca della felicità ha un effetto collaterale chiamato infelicità. Se non riusciamo a raggiungere la felicità, se essa resta sempre un passo al di là della nostra presa, il risultato è un colpo molto pesante inferto alla nostra autostima.

Circa un centinaio di anni fa, la paura più grande dei membri della società era quella di cadere nel "non conformismo": avevano paura di non adempiere ai loro impegni politici e sociali, come ci si aspettava che avrebbero fatto, di non sottomettersi completamente all'ordine creato, promosso, controllato e sanzionato dalla società. Tuttavia, al giorno d'oggi, quella che abbiamo di fronte a noi e di cui siamo testimoni, la più grande paura che ossessiona tutti, è la paura dell'inadeguatezza. Non siamo adeguati al compito. «Probabilmente sono pazzo, sono stupido, sono pigro, non mi sforzo abbastanza, è colpa mia. Guarda le altre persone, che sono uguali a me – siamo tutti uguali, noi esseri umani –, ma usano le loro capacità con risultati migliori dei miei».

Alexis de Tocqueville e la malinconia degli abitanti delle democrazie

Questo era Max Scheler. Ebbene, prima di lui, già all'inizio del XIX secolo, Alexis de Tocqueville fu mandato dai rivoluzionari francesi in America a studiare una situazione di cui ancora non si sapeva nulla nell'Europa continentale: una novità chiamata "democrazia". I francesi volevano sapere se la democrazia rendesse la vita umana migliore, più presente, più godibile.

Alexis de Tocqueville scrisse *La democrazia in America* (1835), un testo ancor oggi molto attuale, che vi suggerisco di leggere se non lo avete già fatto. Quello che scoprì è che la felicità è una qualità che si ritira sempre dinanzi alle persone, si sottrae alla loro vista e, ritirandosi, volta loro le spalle. Non appena gli esseri umani pensano di averla afferrata, essa scivola via fra le loro dita.

Nella mitologia greca c'era una figura chiamata Tantalo. Era un essere umano, non un dio, ma era davvero in ottimi rapporti con gli dei dell'Olimpo: vino e cene e saggezza! A un certo punto, però, fece qualcosa di sbagliato e fu punito dagli dei. In che modo? Con una punizione *tantalizing*, come sono soliti dire gli inglesi[3]. Tantalo, assetato e affamato, fu messo vicino a un limpido ruscello, ma ogni volta che chinava il capo per bere quell'acqua fresca l'acqua scorreva via. Sopra di lui c'era un casco di frutta appetitosa, ma ogni volta che sollevava il capo quello saliva più in alto. Questo è propriamente il modo in cui Tocqueville descrive l'idea della ricerca dell'interesse in una società disuguale.

Per dimostrare quanto sia intima l'affinità tra l'esperienza di Tantalo e quella di Tocqueville, lo citerò di nuovo a proposito della democrazia: «Loro la vedono [loro, le persone democratiche in America, sature di spirito democratico, spirito di uguaglianza] abbastanza vicina da conoscerne il fascino, il potere d'attrazione, ma

3. *Tantalize* significa "tentare", "stuzzicare", "allettare".

non vi si approssimano abbastanza da goderne. E saranno morti prima che possano pienamente apprezzarne la delizia. Questa è la ragione della strana malinconia che inquieta gli abitanti delle democrazie». Perché proprio le democrazie? «Perché vivono nell'abbondanza, e il disgusto della vita talvolta li avvinghia in calme e semplici circostanze».

Il confronto tra l'enorme ventaglio di possibilità dischiuso a ciascuno di noi e la realtà di un controllo molto limitato sul destino di un individuo che manca di risorse, di abilità, di determinazione – a volte un genuino difetto, un difetto del carattere, ma altre volte semplicemente circostanze esterne che ci ostacolano – crea uno stato di infelicità, uno sconvolgimento, un colpo all'autostima: «Io non sono degno, non sono il giusto tipo di persona, non posso fare quello che fanno gli altri».

La discriminazione relativa e lo sguardo sulla vita degli altri

Quando ero studente, molti anni fa, quel genere di sentimento era descritto in termini di "discriminazione relativa". L'idea era che non si nutriva invidia verso le persone esageratamente ricche perché non ci si metteva a confronto con chi era molto più in alto rispetto alla propria posizione; ci si limitava al proprio ambiente, alla propria scala di obiettivi. Ci si guardava intorno, ma si guardavano i vicini, i loro zerbini, e se si vedeva, per esempio, che un altro operaio, di pari abilità, in un'altra industria, aveva ottenuto un aumento di salario che a noi era stato rifiutato, allora ci si ribellava o si scioperava. Si trattava di una deprivazione *relativa*, basata su un confronto operato con persone ritenute uguali.

Questo accadeva cento anni fa. Oggi noi tutti abbiamo internet, tutti abbiamo gli smartphone. Possiamo entrare e sbirciare nella vita degli altri. Anzi, piuttosto spesso siamo obbligati a curiosare nella vita delle celebrità, delle star alla moda sotto i riflettori. Probabilmente anche persone abbastanza ricche, che possono fare acquisti dispendiosi, vivono in questo modo. Questo è il modello di vita che molti mezzi di comunicazione di massa ci consigliano di adottare.

Per descrivere tale stile di vita userò una formula concisa: comprare con i soldi che non si sono guadagnati cose di cui non abbiamo bisogno per fare una buona impressione – che non durerà – a persone di cui non ci importa nulla. Questa, più o meno, è la logica del nostro tempo.

L'insoddisfazione del cliente nel mercato dei consumi

In sostanza non c'è alcun limite, non ci sono muri, nessun ostacolo insuperabile per abbracciare ogni genere di stile di vita. Questa scelta terribile, presumibilmente rara, presumibilmente aperta, in realtà è tentatrice e seducente. Adesso ci si compara con chiunque intorno a sé, il che significa (e questa è un'informazione molto pessimistica che vi voglio comunicare) che in realtà la felicità non risiede tanto nell'essere arrivato, obiettivo praticamente inaccessibile – al di là, al di sopra di qualsiasi livello di felicità che avete già ottenuto, infatti, ce n'è uno ancora più in alto – ma nella corsa. Cercare di raggiungerla, provare a migliorarsi nella vita intorno a noi tentando di includere tutto: questa è la condizione della felicità contemporanea.

A margine, vorrei sottolineare che le chance di ottenere una felicità piena, una completa soddisfazione dei propri desideri, dei propri sogni, è resa straordinariamente difficile dalla politica dell'economia contemporanea. Noi non viviamo in una società di produttori ma di consumatori, e nella società dei consumi l'idea di un cliente felice – contrariamente a quel che dicono tutte le pubblicità, che non fanno altro che declamare a gran voce: «Vogliamo rendervi più felici!» – è una catastrofe per il mercato, perché si smetterebbe semplicemente di andare nei negozi. «Se sono felice che ci vado a fare? Perché dovrei sforzarmi? Ne ho abbastanza. Ho ottenuto quello che volevo e fine della storia».

La vera funzione del mercato consumistico è provocare insoddisfazione. L'insoddisfazione crea desiderio: volere qualcosa di meglio! Un anno fa avete buttato via il vostro iPhone 5 per sostituirlo con l'iPhone 6 e io vi posso predire abbastanza facilmente che tra un anno butterete via il vostro prezioso iPhone 6 per comprare l'iPhone 7. Questo è quello che accade nella realtà: non c'è mai fine alla vera tortura, molto ardua, sfiancante.

La solitudine, il virus velenoso della contemporaneità

Ebbene, questo è il paesaggio generale, ma ora vorrei passare a ciò che io considero il terribile dilemma che noi tutti stiamo fronteggiando e che causa buona parte dell'infelicità contemporanea, delle nostre paure, preoccupazioni e dei nostri incubi: il problema della solitudine. So che mi sto indirizzando a degli italiani e voi siete persone fortunate, perché i vostri legami familiari e di vicinato sono, se paragonati al resto dell'Europa, incredibilmente più forti. Quindi voi non sentite la paura della solitudine con la stessa intensità con cui la si avverte altrove.

Prendete ad esempio un paese che è molto più benestante dell'Italia: la Svezia. In Svezia gli stipendi sono più alti che in Italia, ai cittadini sono offerte molte più occasioni di shopping e molti più beni. Ma cosa sta accadendo lì? Il 68% dei residenti di Stoccolma vive in un nucleo familiare composto da una sola persona, il che significa che sono solitari, sono semplicemente soli, senza qualcuno con cui condividere la propria vita. Il 40% degli svedesi, intervistati nei sondaggi, ha affermato di sentirsi solo. Un altro 28% vive in solitudine senza saperlo, senza riconoscerlo. Nello stesso paese – il che è molto indicativo –, nel corso dell'ultimo anno il consumo di antidepressivi è cresciuto del 25%. Moltissime persone vivono in uno stato di depressione. La solitudine causa la depressione.

Tony Jeton Selimi ha pubblicato un libro che vi raccomando fortemente di leggere: *La solitudine, il virus dell'età moderna*[4]. È un libro di ricerca molto ben fatto, che illustra con dovizia di dettagli come funziona questo virus velenoso e invalidante.

La promessa di Facebook: mai più soli!

Come forse saprete, grazie ai batteri che provocano malattie le compagnie farmaceutiche hanno fatto molti soldi. Con il virus della solitudine i cosiddetti social network guadagnano cifre abnormi. Mark Zuckerberg, inventore e proprietario di Facebook, ha investito migliaia di miliardi di dollari capitalizzando

4. T.J. Selimi, *#Loneliness: The Virus of the Modern Age*, Balboa Press, 2016.

precisamente su questo: sulla paura di essere abbandonati, di essere lasciati soli e di non avere amici attorno a sé, persone su cui potersi appoggiare in caso di necessità, semplicemente per sentire l'intima vicinanza con un altro essere umano.

Le persone avevano paura di essere sole, in realtà si erano già sentite sole, ma temevano che questa situazione si facesse sempre più profonda. Allora Mark Zuckerberg ha colto questo bisogno. Che ingegno! Una bella idea, capace di realizzare migliaia di miliardi di dollari attraverso il mercato azionario!

Facebook vi ha dato un'opportunità: mai più soli! Pensateci un secondo: in questo preciso momento e in qualsiasi altro momento, ventiquattr'ore al giorno, sette giorni su sette, c'è qualcuno da qualche parte a cui si può twittare o a cui si può mandare un messaggio; così come è sempre possibile riceverne uno. In questo modo non vi sentite mai completamente abbandonati. Se dedicate abbastanza tempo al vostro computer, al vostro portatile, al tablet o allo smartphone, potete massimizzare il vostro numero di amici e moltiplicare il numero dei membri del vostro network.

L'amicizia sui social e l'amore vero

Ma si tratta dello stesso tipo di amici a cui normalmente pensiamo quando parliamo di amicizia? Noi siamo particolarmente sensibili al tema dell'amicizia e dell'amore, ma questa eccezionale sensibilità – e la quantità di spazio che occupa nei nostri pensieri sul mondo, nei nostri progetti di vita, e così via – è essa stessa un segno della presenza di qualcosa di sbagliato. Questa sostituzione, questo rimpiazzo della vera amicizia con i social network, provoca una profonda sensazione di insoddisfazione.

Non è possibile comparare un appuntamento per una notte di sesso ottenuto attraverso i siti d'incontro su internet con le meraviglie e il fascino di un amore genuino, con tutte le difficoltà e gli ostacoli che fanno sì che una persona vi ami, e che sono capaci di creare e sviluppare delle relazioni d'amore duraturo. Tutto questo si fa nel nome della comodità e dell'abolizione dei disagi e dei fastidi.

Il vero amore – spero che ciascuno di voi abbia fatto esperienza dell'amare e dell'essere amato – non è necessariamente una ricetta di felicità continua, è pieno di imboscate, e costa molti litigi, il sorgere di conflitti, di antagonismi, e così via, che sono comunque parte del fascino, del bisogno di rendere l'amore possente, senza cercare facili scappatoie dinanzi ai problemi con cui ci si confronta.

Abbiamo bisogno della compagnia umana, ma di una *reale* compagnia umana. È molto difficile spiegare la differenza tra l'amicizia reale e genuina e l'illusione creata da Facebook. Il vero problema, in quest'epoca, è che l'abitudine di farsi degli amici contandoli, moltiplicando il loro numero, e di essere assorbiti in questo genere di attività, lascia molto poco tempo per acquisire le competenze sociali necessarie a negoziare i propri rapporti, la propria coabitazione con altri esseri umani, pieni e reali.

Il cellulare e la parte offline della vita

Il numero sempre più alto dei nostri contemporanei nati in un mondo che già aveva internet difficilmente riesce a immaginare la possibilità di un mondo senza computer. Come è stato possibile vivere prima che venissero inventati i telefoni cellulari? Oramai il telefono è diventato parte della mia personalità, tanto quanto lo sono i miei pantaloni. Se dovessi dimenticare a casa il mio cellulare e uscire per la strada, mi sentirei come se avessi dimenticato di indossare i pantaloni. Il cellulare è diventato una parte incredibilmente importante della nostra vita e offre una libertà senza precedenti: potete stare in compagnia di qualcuno senza essere costretti a patire le molestie che quella compagnia vi impone.

Vi illustro una scena che avrete visto probabilmente diverse volte nella vostra vita, andando al ristorante: arriva una famiglia composta da quattro persone, due genitori e due figli. Ed ecco quattro cellulari. Ciascuno, anziché guardare gli altri, è rivolto verso il proprio schermo.

Ora, già questo è parte della nostra preparazione alla vita: come consideriamo le nostre mosse, il nostro modo di stare al mondo, il nostro stile di vita. E questo è per me l'effetto collaterale più preoccupante, perché la nostra vita non è confinata alla dimensione "online", al passatempo. È divisa invece in due parti: esiste la parte online e quella offline. Non potete sottrarvi alla dimensione offline della vostra vita.

Se andate a fare una passeggiata, incontrerete un certo numero di non amici, di "estranei", che potranno coinvolgervi cercando di agganciarvi, porgendovi delle domande, coinvolgendovi in qualche tipo di conversazione, per implicarvi nelle loro questioni o semplicemente per essere amichevoli. Ma diventa un passatempo straziante se non possedete le abilità del dialogo, che sicuramente non siete riusciti ad apprendere nella dimensione online della vita.

Anche nel vostro posto di lavoro, di nuovo, troverete persone con diversi punti di vista, con diverse preferenze, idee, opinioni, fedi, colori della pelle: insomma, differenti in moltissimi modi. Le persone con le quali entrate in contatto su internet, su Facebook, sono selezionate molto attentamente: quelle che non sono adatte a entrare a far parte della vostra cerchia sono semplicemente non invitate o vengono eliminate. Le cose non funzionano così, però, sul vostro posto di lavoro o nelle scuole in cui mandate i vostri figli. I bambini vengono da ogni tipo di famiglia. Pertanto, non vi sarà possibile evitare la parte offline della vita.

Michel Houellebecq e i neoumani

Osservando le conseguenze di una fantasia che diventa realtà, di un mondo nel quale realmente la dimensione offline della vita – la più difficile, quella che richiede una gran quantità di abilità (determinazione, energia, sacrificio di sé, ecc.) – viene completamente eliminata, mi viene in mente il libro dello scrittore francese Michel Houellebecq *La possibilità di un'isola*[5].

Nel romanzo vengono mostrate delle persone che sono completamente isolate dagli altri esseri umani: si chiamano "i neoumani". I loro contatti avvengono soltanto attraverso la rete. Non starò a descrivervi gli orrori di un mondo simile, ma spero che vi procuriate il libro e che lo leggiate.

Umberto Eco e lo sguardo dell'altro

Vorrei concludere citando un grande scienziato, un eminente scrittore e saggista, che io considero l'ultimo erudito della nostra era, in un'epoca in cui l'erudizione viene soppiantata dai computer. Sto parlando di Umberto Eco.

In uno dei suoi saggi, Eco scrisse quel che segue, su cui vorrei lasciarvi meditare. Egli for-

5. Michel Houellebecq, *La possibilità di un'isola*, Bompiani, Milano, 2005.

mulò quella che chiamava la «condizione fondamentale dell'essere umano». Non resterete sorpresi quando vi svelerò questo segreto: la condizione fondamentale dell'essere umano è il rapporto con un altro essere umano. Eco ne spiega la ragione in questo modo:

> È il suo sguardo [quello di un altro essere umano] che definisce e forma noi stessi. Così come non possiamo vivere senza mangiare e dormire, non possiamo comprendere chi siamo senza lo sguardo e la risposta dell'altro. Il risultato del vivere in una comunità dove ciascuno ha deciso sistematicamente di non guardarsi mai l'un l'altro, comportandosi come se non esistessimo, sarebbe la follia o la morte.

L'alternativa alla scelta di stare con gli altri esseri umani, permettendo loro di non nascondersi dinanzi a noi, di guardarci, di riconoscerci, di giudicarci, di valutarci, sarebbe – secondo le parole di Eco – una sorta di «bestiale e solitario Adamo che non sa ancora nulla delle relazioni sessuali, del piacere del dialogo, dell'amore per i suoi figli e neppure del dolore per la perdita delle persone amate».

La felicità comincia a casa

Come disse Aristotele, oltre duemila anni prima di Umberto Eco, solamente gli angeli e le bestie possono vivere al di fuori della *polis*. *Polis* significa comunità, presenza fisica, presenza in carne e ossa di altri esseri umani. Solamente gli angeli e le bestie, dunque, e sfortunatamente noi non siamo angeli – non so voi, ma io non lo sono di sicuro! E, per quanto riguarda le bestie, non vogliamo di certo essere bestie! Allora non abbiamo davvero scelta.

Dunque, se vi state chiedendo quale sarà il futuro della felicità, è opportuno che ricordiate, fra le altre cose, la seguente, che è di straordinaria importanza: la felicità comincia a casa. Non su internet, ma a casa, in contatto con le altre persone.

La felicità non risiede soltanto nello scambiarsi baci, questa è la parte più facile, ma sta anche nel litigare animatamente con gli altri, nelle discussioni, nei tentativi di negoziazione, nei litigi, nel provare a capire le ragioni dell'altro.

Ecco dove comincia la felicità. Se non dovesse partire da qui, allora credo che non abbia grandi chance di esistere nella società contemporanea.

Indice

Stampato da Fp design srl
via delle Gondole 38, 00121 Roma
www.fp-design.it
per conto di Lit Edizioni Srl